TORNE-SE IMBATÍVEL

NOS NEGÓCIOS E NA SUA VIDA
COM **9 PRINCÍPIOS DO JUDÔ**

E OUTRAS FERRAMENTAS ALTAMENTE EFICAZES

CB069864

Copyright© 2021 by Literare Books International
Todos os direitos desta edição são reservados à Literare Books International.

Presidente:
Mauricio Sita

Vice-presidente:
Alessandra Ksenhuck

Diretora executiva:
Julyana Rosa

Diretora de projetos:
Gleide Santos

Edição:
Leo A. de Andrade

Diagramação e projeto gráfico:
Gabriel Uchima

Revisão:
Rodrigo Rainho

Relacionamento com o cliente:
Claudia Pires

Impressão:
Gráfica Paym

Dados Internacionais de Catalogação na Publicação (CIP)
(eDOC BRASIL, Belo Horizonte/MG)

L213t   Lama, Gabriel.
         Torne-se imbatível nos negócios e na sua vida com 9 princípios do judô / Gabriel Lama. – São Paulo, SP: Literare Books International, 2021.
         96 p. : 14 x 21 cm

         ISBN 978-65-5922-192-9

         1. Empreendedorismo. 2. Judô. 3. Sucesso nos negócios. I.Título.
                                                              CDD 658.4

Elaborado por Maurício Amormino Júnior – CRB6/2422

Literare Books International.
Rua Antônio Augusto Covello, 472 – Vila Mariana – São Paulo, SP.
CEP 01550-060
Fone: +55 (0**11) 2659-0968
site: www.literarebooks.com.br
e-mail: literare@literarebooks.com.br

AGRADECIMENTOS

A gratidão é a energia espiritual que nos move e, para a realização deste segundo livro, gostaria de agradecer a todos aqueles que me incentivaram a compartilhar minha história do esporte como parte de quem eu sou e que por sua vez me identificam profissionalmente hoje. Agradeço a todos que me deram *feedback* sobre meu primeiro livro, *Do bem-estar à alta performance*, o que me faz querer continuar melhorando como escritor. Agradeço também a todos os meus mentores de vida e companheiros no caminho do guerreiro, citados ou não neste segundo livro. Finalmente agradeço aos profissionais que publicam seus estudos e pesquisas por meio de outros livros, o que gera aprendizado para mim e valida muito do que proponho no que escrevo.

PREFÁCIO

Conheço o Gabriel desde 1999, foi um encontro em um evento internacional, Campeonato Mundial Universitário em Málaga na Espanha, em que eu era o Treinador da Equipe Brasileira de Judô. Um amigo chamado Novi me apresentou a ele e pediu que eu o orientasse na área de competição.

Gabriel, que representava o Chile, iria lutar e estava sozinho, precisando de um treinador para auxiliá-lo no momento da competição. Apesar de nunca ter visto ele atuando, gostei de sua atitude durante a luta.

Após essa experiência, conversamos, e combinamos que eu seria seu treinador a partir dali e que seria minha responsabilidade conduzir toda sua área técnica.

Percebi que o Gabriel tinha uma característica bem sistemática e era muito focado nos treinos, e como ele estava sozinho, administrava toda a sua carreira, seus patrocínios e suas competições.

Comecei então a ajudar no seu desenvolvimento técnico, fazendo com que treinasse no Clube que eu estava no Brasil e algumas vezes também fui para o Chile acompanhá-lo em seu ambiente de treino.

Essa parceria durou 5 anos e juntos tivemos muitas conquistas, tanto em títulos quanto em conhecimento técnico, pois além de atleta, Gabriel sempre foi interessado no conhecimento científico do esporte e da atividade física.

Dentre os títulos conquistados, ressalto o sétimo lugar no Campeonato Mundial, seis medalhas Panamericanas e quatro vezes Campeão Sul-americano, além de sua participação nos Jogos Olímpicos de Sydney em 2000 e Atenas 2004.

Este livro mostra muito do que nós fizemos com ajuda de vários amigos e profissionais da área, que sempre estavam disposto a ajudar e contribuir com as atividades do Gabriel.

Tivemos momentos de alta *performance* em que tudo corria bem, mas também tivemos situações em que os resultados não eram os esperados e, nesses momentos, o que mais entrava em jogo eram a perseverança, a paciência e a vontade que Gabriel demonstrava para conquistar seus objetivos.

Sempre lutou por tudo que acreditava e conseguiu fazer, assim, uma bela carreira como competidor, como educador e como consultor da área de *wellness*/qualidade de vida.

Aqui, agora, divide toda a sua experiência e o aprendizado adquirido com muito esforço e luta, onde ele descreve como faz para manter o foco, a vontade de encarar as metas e conquistá-las.

Este livro vai ajudar os leitores a pensar no seu próprio futuro e, ao examinar suas conquistas ou dificuldades, poder se inspirar no texto de Gabriel para refletir sobre o que realizou e o que poderia ter realizado e assim melhorar cada vez mais buscando a excelência de sua atuação e *performance*.

Agradeço ao Gabriel a oportunidade de poder expressar essas palavras nesse livro e deixar aqui registrada a honra que foi nossa experiencia esportiva juntos que resultou numa amizade para a vida toda.

Prof. Mestre Douglas Vieira,

Formado em Educação Física pela USP
Mestrado em Neurofisiologia pela UNIFESP
Faixa Kodansha 7 dan
Medalha de prata nos Jogos Olímpicos de Los Angeles
Treinador da Seleção Brasileira de Judô sub 21
Treinador do Club Athletico Paulistano

INTRODUÇÃO

Tive o privilégio, como *coach* executivo, de trabalhar com grandes líderes organizacionais e uma de suas características transversais é a busca constante em formar grandes equipes e alcançar resultados extraordinários, em um amplo espectro de possibilidades.

Ao mesmo tempo que possuem grande experiência, conhecimento e claros pontos fortes, como todo ser humano, têm espaço para melhorias. Por isso, atletas de nível mundial também precisam de um olhar externo que lhes mostre o que não estão vendo, que os acompanhe na sutil e potente melhora de 1% nas diferentes áreas em que atuam. No entanto isso não acontecerá se você não tiver a humildade de reconhecer que precisa desse olhar externo. É aí que surge um dos princípios fundamentais de todo professor: como uma árvore frutífera, seus galhos se dobram quanto mais carregada está. A metáfora seria para o líder (gestor), que está cheio de triunfos, não esquecendo de se curvar para manter aquela humildade poderosa, que conecta, que reconhece, que gera poderoso aprendizado, confiança e admiração dos outros.

Convido você a percorrer o caminho do guerreiro comigo. Através do caminho da suavidade, gentil, que é o judô, você vai descobrir como se superar, se levantar de cada queda ou derrota e se tornar imbatível!

Ser imbatível não significa que você será invencível ou que nunca sofrerá uma derrota. Ao contrário, tornar-se imbatível significa estar fisicamente, mentalmente, emocionalmente e espiritualmente preparado para superar cada derrota vivida, saber cair humildemente e se levantar fortalecido, com a melhor disposição para aprender com cada queda e seguir em frente com a motivação necessária para alcançar seus objetivos. Por último, você se tornará um especialista em superação pessoal, desfrutando dos benefícios que uma vida sustentada pelo princípio da melhoria contínua lhe trará.

Em suma, para se tornar imbatível, você precisará se preparar adequadamente e não uma vez ou só para uma ocasião. Deve ser um hábito, fazer parte de quem você é, e isso o levará progressivamente a um processo de constante crescimento e evolução permanente, pois você estará em um círculo virtuoso, que é feito de preparação > confiança > resultados > vitórias > maiores desafios, desde que acompanhados permanentemente por um bom *feedback*, conforme detalhado no diagrama abaixo.

Como o próprio Jigoro Kano afirma, em seis de seus nove princípios, que você lerá na primeira parte deste livro, a preparação é a porta de entrada para enfrentar qualquer desafio e abraçar o sucesso. Neste caminho de preparação, você encontrará em detalhes o que pode fazer, principalmente na segunda parte do livro, com recursos que vão desde frases que você pode dizer para si mesmo até posturas corporais que pode adotar para se sentir mais confiante antes de uma entrevista de emprego, uma prova acadêmica, um teste de esportes, uma apresentação para um cliente, uma conversa crítica com o chefe ou parceiro e uma série de outras situações para as quais esses recursos podem ajudá-lo.

Minha missão é compartilhar o que aprendo com paixão e entusiasmo, para que o maior número possível de pessoas tenha os recursos necessários para alcançar uma vida plena de satisfação e realização.

"Não deixe suas crenças limitantes se transformarem em uma profecia que se autorrealiza."

Gabriel Lama

PARTE 1: REFLEXÃO E PRÁTICA DOS 9 PRINCÍPIOS DO ESPÍRITO DO JUDÔ DE JIGORO KANO

PRINCÍPIO 1:
CONHECER-SE É DOMINAR-SE
E DOMINAR-SE É TRIUNFAR......15

PRINCÍPIO 2:
QUEM TEME PERDER JÁ ESTÁ VENCIDO......19

PRINCÍPIO 3:
SOMENTE SE APROXIMA DA PERFEIÇÃO
QUEM A BUSCA COM CONSTÂNCIA,
SABEDORIA E, ACIMA DE TUDO, HUMILDADE......23

PRINCÍPIO 4:
QUANDO VERIFICAS COM TRISTEZA
QUE NÃO SABES NADA, TERÁS FEITO TEU
PRIMEIRO PROGRESSO NO APRENDIZADO......27

PRINCÍPIO 5:
NUNCA TE ORGULHES DE TER VENCIDO
UM ADVERSÁRIO. AQUELE QUE VENCESTES HOJE
PODERÁ VENCER-TE AMANHÃ. A ÚNICA VITÓRIA
QUE PERDURA É A QUE SE CONQUISTA
SOBRE A PRÓPRIA IGNORÂNCIA......31

PRINCÍPIO 6:
O JUDOCA NÃO SE APERFEIÇOA PARA LUTAR,
LUTA PARA APERFEIÇOAR-SE......35

PRINCÍPIO 7:
O JUDOCA POSSUI A INTELIGÊNCIA
PARA COMPREENDER O QUE LHE É
ENSINADO E PACIÊNCIA PARA ENSINAR
O QUE APRENDEU AOS SEUS PARES......47

PRINCÍPIO 8:
SABER UM POUCO MAIS A CADA DIA,
USANDO ESSE SABER PARA O BEM, ESSE
É O CAMINHO DO VERDADEIRO JUDOCA 51

PRINCÍPIO 9:
PRATICAR JUDÔ É EDUCAR A MENTE A PENSAR
COM VELOCIDADE E PRECISÃO, BEM COMO O CORPO
A RESPONDER COM JUSTEZA. O CORPO É UMA ARMA
CUJA EFICIÊNCIA DEPENDE DA PRECISÃO COM
QUE SE USA A INTELIGÊNCIA 55

PARTE 2: RECURSOS DE UM IMBATÍVEL

EXERCÍCIOS DE PREPARAÇÃO MENTAL
ATRAVÉS DO CORPO, DE ACORDO
COM PROPÓSITOS ESPECÍFICOS 63

OUTROS 7 EXERCÍCIOS DE PREPARAÇÃO
E ALTAMENTE EFETIVOS, PARA MOMENTOS
DE ALTA PRESSÃO 75

OS 11 COMPROMISSOS DE UM IMBATÍVEL 79

MELHORES PRÁTICAS PARA
TORNAR-SE IMBATÍVEL 81

MINHA ROTINA IMBATÍVEL
(SEMPRE EM MELHORIA) 85

FRASES DE SABEDORIA DE ALGUNS IMBATÍVEIS:
CAMPEÕES, PROFESSORES, LÍDERES E
EMPREENDEDORES DE SUCESSO 89

PARTE 1

REFLEXÃO E PRÁTICA DOS
9 PRINCÍPIOS DO ESPÍRITO
DO JUDÔ DE JIGORO KANO

CONHECER-SE É DOMINAR-SE E DOMINAR-SE É TRIUNFAR

Apesar de muito jovem, Jigoro Kano, ao fundar a primeira escola de judô – aos 22 anos, no século XIX (1882) –, demonstrou grande sabedoria em desenvolver uma disciplina marcial composta por princípios, que atualmente coincidem com atributos, virtudes e competências que são altamente valorizados e reconhecidos por psicólogos e profissionais especializados como essenciais para o sucesso pessoal e profissional.

Neste caso, a autoconsciência e o autoconhecimento são as competências que permitem detectar seus pontos fortes, nos quais se apoia para trabalhar os seus pontos fracos e, assim, transforma-se num ser integral e altamente preparado para enfrentar os mais diversos desafios que surgirão em seu caminho de vida.

Quão bem você conhece a si mesmo? Como você se comporta em circunstâncias extremas? Como age quando ninguém está observando você? Quais são seus maiores medos? O que o faz feliz? O que deixa você triste? Como aciona a raiva em você? O que você está fazendo com essa raiva? Quais são suas emoções predominantes durante o dia? O que você faz com excelência e é fácil para você? O que você gosta e o que não gosta de fazer? Quando você está na sua melhor versão, enérgico, animado, focado? Você poderia listar seus principais pontos fortes? E quanto aos seus pontos fracos? O que você precisa aprender? O que você gostaria de aprender? Quais são seus valores fundamentais? Quão coerente você age em base a esses valores? Quais são suas crenças? Quem você admira, quais modelos segue? Do que você tem orgulho de ter feito ou alcançado? Qual é o seu nível de satisfação com a vida? Como você pode melhorar sua vida? Como você quer que os outros o vejam? Qual é o seu propósito de vida? Sua observação será suficiente para este exercício ou talvez você possa incluir a observação de um círculo de pessoas de sua confiança que podem mostrar a você algo que não está vendo?

Como no meu primeiro livro, *Do bem-estar à alta performance*, o convite é que, ao fazer essas perguntas para reflexão, dedique alguns minutos, agora ou em outro momento quando estiver calmo e atento, para respondê-las, de preferência escrevendo-as à mão neste mesmo livro, pois após cada capítulo você terá um espaço para fazê-lo, ou no seu bloco de notas e anotações relevantes. Você ficará surpreso com o que pode acontecer quando você se dá esses minutos para fazer o que proponho, refletir e pensar. Como Stephen Covey sugeriu, poderia haver algo mais importante do que parar para pensar?

Logo, deve-se pensar o seguinte: é o momento de gerar mudanças, de agir o quanto antes, por menor que seja a ação que se decida tomar. O importante é quebrar a inércia, sair da zona de conforto, e se você conseguir fazer uma vez, também pode fazer uma segunda, uma terceira e assim por diante, até que se torne uma ação inconsciente, ou seja, um novo hábito, e você será uma versão melhorada de si mesmo a cada dia. Lembre-se de que qualquer ação, mesmo que pareça irrelevante, será melhor do que não ter feito nenhuma. Interpreto que é precisamente a isso que o Mestre Kano se referia, quando disse que "conhecer-se é dominar-se e dominar-se é triunfar". Cada uma das mudanças que você faz em você mesmo e em sua vida para melhorá-la é uma vitória, um triunfo que você lidera e que vai lhe dar a energia e a confiança necessárias para um novo triunfo e assim entrar em uma espiral de melhoria contínua e de sucessos, que vai preencher sua vida de satisfação e realização.

A grande questão é: quando você atinge o autoconhecimento total? E a resposta que eu poderia dar a essa pergunta, pelo que me acontece aos meus 47 anos e tendo ultrapassado 10.000 horas de prática em conhecer-me mais e trabalhar para melhorar em diferentes áreas da minha vida, desafiando minhas capacidades, é que acho estar na metade do caminho.

Uma última ideia para conectar com o princípio do autoconhecimento é o princípio da individualidade, que diz que não necessariamente o que é bom para uma pessoa é bom para outra. O que significa que, embora possam existir "fórmulas mágicas" para coisas diferentes e que tenham feito maravilhas para um amigo, parente ou colega de trabalho, você deve ficar com aquelas que geram bem-estar para você e garantem seu desempenho ideal. E por isso você deve explorar e descobrir o que é melhor para você.

SUAS IDEIAS, REFLEXÕES E INTENÇÕES DEPOIS DE LER O PRIMEIRO PRINCÍPIO:

_____
_____
_____
_____
_____
_____
_____
_____
_____
_____
_____
_____

2 QUEM TEME PERDER JÁ ESTÁ VENCIDO

Um dos maiores desafios, senão o maior, que tive em minha carreira esportiva foi superar meus medos. Já me perguntaram se alguma vez tive medo de um determinado adversário, e a verdade é que, na área de combate, não. Meus medos eram diante da possibilidade de perder, de errar, de não conseguir o sucesso que procurava naquele evento em particular, no que dirão... E em todas as vezes que o medo me dominou, acabou o resultado sendo aquele que eu mais temia... perder.

Espero que não tenha acontecido com você, mas se aconteceu, você vai compartilhar comigo que a "autossabotagem" é uma das sensações mais frustrantes que você pode sentir. Saber que você é capaz de fazer algo e que, por não saber se dominar, acaba estragando tudo.

E como você aprende a superar esse medo? Que pergunta tremenda, certo? Eu gostaria que fosse algo que aprendêssemos rapidamente, mas não é, como a maioria das coisas, elas são alcançadas com a preparação e prática adequadas. Neste caso, treine sua mente para se concentrar no que você pode controlar e não no que definitivamente não pode. Lembre-se de que onde põe o foco é para onde sua energia flui.

Você não pode controlar o resultado, mas pode controlar o que fará para alcançar o resultado que está procurando.

Quer dizer, no caso de uma luta de judô, focar na técnica, movimentos, pegada, velocidade de execução, ação e reação oportuna (esquiva). É se entregar completamente ao desafio e ter sua atenção conectada cem por cento com aquele momento e executar o que você praticou por tanto tempo para resultar naquele momento. É o chamado estado de fluxo, que muitas vezes permite ao atleta vencer suas competições sem ter plena consciência do que fez naquele momento para vencer. Muitas vezes, você só descobre exatamente o que fez quando vê a gravação num vídeo. Alcançar esse estado de "competente-inconsciente" é alcançar a excelência.

Para conseguir isso, evite conversar consigo mesmo antes do evento e preste toda a atenção ao que você pode fazer ou está fazendo. Por exemplo, antes de fazer uma apresentação diante de um público que você não conhece bem, não pense se ele vai gostar do que você fala, se vai poder prestar atenção em você, se vai aplaudi-lo, se você vai saltar para o estrelato, o que esse público vai dizer a seguir ou que impacto futuro isso pode ter. Concentre-se simplesmente em estar com uma postura corporal estendida e expandida, em linha reta, em respirar com uma frequência confortável para você, em se expressar também com as mãos, em sorrir e aproveitar a oportunidade que se apresenta e o momento que está vivendo.

Superar seus medos de fracasso dependerá apenas de saber onde você coloca sua atenção. Se você se concentrar no que domina, se tornará imbatível!

SUAS IDEIAS, REFLEXÕES E INTENÇÕES DEPOIS DE LER O SEGUNDO PRINCÍPIO:

___
___
___
___
___
___
___
___
___
___
___
___

3 SOMENTE SE APROXIMA DA PERFEIÇÃO QUEM A BUSCA COM CONSTÂNCIA, SABEDORIA E, ACIMA DE TUDO, HUMILDADE

A perfeição é um estado de busca permanente cujo principal benefício é a melhoria contínua, portanto, você não alcançará necessariamente a própria perfeição. O que posso garantir é que você entrará em um círculo virtuoso de otimização. Em outras palavras, em um estado ótimo, de ser o melhor que você pode ser e estar naquele momento. Além disso, você experimentará uma enorme satisfação ao obter o melhor de si mesmo em uma situação chave, e essa recompensa será a energia que alimentará seu espírito para continuar passando por mais e novos desafios.

Seja em uma competição, apresentação de vendas, reunião de negócios ou entrevista de emprego, todos nós temos a possibilidade de chegar a "momentos ótimos". Porém, para alcançá-los não dependerá das circunstâncias, mas de quanto você se dedica a se preparar para desfrutar aqueles momentos de triunfo. Quando você trabalha com constância, sabedoria e humildade, os resultados florescerão. Do que se trata? Constância é a regularidade com que você faz alguma coisa a ponto de se tornar um hábito (estado de inconsciência competente). No judô, o "*uchi komi*" consiste em que, no início de cada sessão de treino, repita a sua técnica de execução, por exemplo, um "*osoto gari*" (grande varredura exterior) pelo menos cem vezes, e que faz desde que você aprendeu a técnica quando criança até o momento de entrar para competir nos Jogos Olímpicos, 20 anos depois. Não importa o quão bom você seja ou quão eficaz seja sua técnica, você fica repetindo, com mais velocidade, coordenação e força... sempre. Portanto, quando chegar o momento crucial, você não precisará pensar no que fazer, e a ação acontecerá automaticamente.

Sabedoria significa fazer a coisa certa. Há uma frase de Peter Drucker que adoro e que se aplica muito bem aqui quando se trata de eficácia: "Não há nada tão inútil quanto fazer algo com grande eficiência que não deveria ter sido feito". Para isso, a análise, o estudo, o planejamento e o *feedback* permanente serão essenciais, relacionados à sua preparação, como também na competição (momentos chave que no caso de executivos podem ser uma reunião de negócios ou uma apresentação para uma promoção); acompanhado de um olhar profissional externo, isso será alcançado com maior excelência. É aí que surge o papel fundamental de um *coach*.

Rafael Nadal, medalhista de ouro olímpico no tênis e que já venceu o Roland Garros doze vezes, não por isso, por causa de sua categoria de "mestre", não possui um treinador. Todos precisamos do olhar externo de um *expert*, para que nos mostre o que não estamos vendo.

Por último, mas não menos importante, pelo contrário, o pilar fundamental para estar no ciclo de melhoria contínua é a humildade. É impossível que você possa se aperfeiçoar caso esteja pensando que já chegou ao topo, sabe tudo ou, como já escrevi e afirmei anteriormente, se acredita ser faixa preta, o *sensei* que atingiu o limite de seu desenvolvimento por possuir essa faixa. O convite é para mergulhar na atitude de faixa branca, de eterno aprendiz. A humildade torna você poderoso e isso é algo que se refletiu no estilo de liderança de Nelson Mandela, que é a referência mais admirada na área. Como alcançar esse nível de humildade? Observe com atenção e ouça mais as suas interações. Aceite genuinamente que todas as pessoas têm seu valor e reconheça-as com seus pensamentos, atitudes e palavras. Concentre-se em fazer mais do que você diz, sem a necessidade de receber crédito por suas realizações. O que não significa, de forma alguma, diminuir sua confiança em si mesmo ou renunciar a sua força interior ou convicções.

SUAS IDEIAS, REFLEXÕES E INTENÇÕES DEPOIS DE LER O TERCEIRO PRINCÍPIO:

_____
_____
_____
_____
_____
_____
_____
_____
_____
_____
_____
_____
_____

QUANDO VERIFICAS COM TRISTEZA QUE NÃO SABES NADA, TERÁS FEITO TEU PRIMEIRO PROGRESSO NO APRENDIZADO

Fica muito mais difícil continuar a avançar, crescer e se aprimorar quando você já está em um bom nível, com um grande volume de horas percorridas, prática e aprimoramento a ponto de dominar a disciplina a que se dedica. Se o copo estiver cheio, não podemos acrescentar nada a ele, e se apenas falarmos em vez de ouvirmos, não acrescentaremos nada ao nosso conhecimento, nada será diferente do que você já conhece. É por isso que os erros ou derrotas que você comete ao longo do caminho, aqueles que lhe causam aborrecimento, insatisfação e até tristeza, como sugere Jigoro Kano, serão momentos fundamentais a resgatar (positivamente), como aprendizagem para seguir avançando.

O exposto acima é válido tanto para um momento inicial de carreira, como para quando você já está bem adiante no processo. Buscando exemplificar as duas situações, compartilharei a seguir duas experiências pessoais vividas em cada uma dessas etapas da minha carreira como judoca olímpico.

Na minha adolescência de judoca, quando já praticava há cerca de cinco anos e ia progressivamente me aproximando da desejada faixa preta, minha tentação de abandonar o judô apareceu em mais de uma ocasião, principalmente quando as novas combinações técnicas que eu estava desenvolvendo não davam certo ou quando não conseguia vencer nos campeonatos em que participava.

Meu pensamento naquela época era o típico e imaturo "não sou bom para isso" e me trancava frustrado em meu quarto, às vezes chorando e zangado, com a ideia de não querer mais fazer judô... até no dia seguinte. Despojado da emoção negativa latente, com o sol de um novo dia, e após uma boa reflexão da noite anterior, uma boa conversa com meu treinador ou um amigo, lendo uma história que mostrava os sacrifícios feitos por aqueles que haviam triunfado, eu percebia que ainda havia um longo caminho a percorrer e voltava para o tatame. Foi uma "desistência mental", que durava apenas 24 horas, felizmente, graças ao apoio e contenção de aqueles que chamarei de "mentores" (treinador, amigos, família, biografias de pessoas que tiveram sucesso).

A outra situação, em um estágio mais maduro da minha carreira, já aos 26 anos e depois de ter participado dos meus primeiros Jogos Olímpicos, em Sydney 2000, fiquei com muitas dúvidas em continuar a me dedicar ao judô para mais um ciclo olímpico (quatro anos). Considerando que a autogestão que tinha que desenvolver em meu país para poder viver do esporte era uma verdadeira dificuldade. Ao mesmo tempo, a nível sul-americano, na primeira fase classificatória para somar pontos para os seguintes JJOO, tinha que enfrentar meus grandes adversários do Brasil, e com um deles já havia perdido pelo menos vinte lutas em confrontos internacionais anteriores. Não sei se dá para imaginar o que é isso... que o mesmo cara literalmente "jogue você no chão" em vinte oportunidades... Além da dor do golpe no chão, que é o mínimo, na verdade, depois de um *ippon* (pontuação máxima no Judô), o que dói é o orgulho ao levantar-se diante do público, reverenciar seu rival e dar-lhe a mão, quase agradecendo por ter batido em você, mesmo que seja ele um medalhista olímpico, como Carlos Honorato (prata em Sydney), a quem sempre admirei muito e estarei sempre agradecido por ser uma das minhas grandes referências para melhorar. Difícil... acredite em mim! Mas faz parte do código de honra do judoca.

Claro, tudo isso e a emoção que vem junto eu coloquei na balança para decidir continuar ou não. E é aí que ampliar a visão do observador que você é, como propõe a metodologia do *coaching* ontológico, é fundamental. Foi nessa época que resolvi ligar para o meu melhor amigo e irmão do Brasil, Rodrigo Vasconcellos, também judoca, a quem contei a minha frustração e ele me perguntou: "Gabriel, sabe quantas tentativas um leão sofre para apanhar sua presa, a gazela? 37!!". Esse número, que até hoje não sei se é exatamente verdade, naquela época era a história e o número mágico que eu precisava saber, para entender assim que ainda tinha dezessete tentativas para poder vencer meu rival na luta, o que gerou em mim uma motivação intrínseca o suficiente para seguir em frente. Foi assim que, três anos depois, após mais algumas derrotas, no meu enfrentamento número vinte e oito com esse grande adversário, Carlos Honorato, num Pan-Americano, consegui vencê-lo por *ippon* (pontuação máxima no Judô), e o melhor é que voltei a ganhar num seguinte encontro e que foi a última vez que nos enfrentamos. Essa realização e experiência estão comigo até hoje, relembrando a conversa e o aprendizado, conecto com a força que preciso para enfrentar desafios que me geram frustração.

Também serve muito para gerar a motivação intrínseca para continuar, lembrar do seu progresso pessoal, conquistas anteriores, pequenas vitórias, o que pode mudar seu pensamento para "não sou ruim, só preciso de uma prática mais específica" ou "se eu consegui fazer isto e sair adiante, também poderei fazer esse outro". E, já que falamos de motivação, nunca devemos deixar de lembrar do nosso grande objetivo, do nosso sonho, que foi em definitivo o que nos fez começar o que estamos fazendo, e que, sem dúvida alguma, exigirá uma grande perseverança quando vemos que a recompensa não é imediata, mas está bem no final de um longo caminho.

SUAS IDEIAS, REFLEXÕES E INTENÇÕES DEPOIS DE LER O QUARTO PRINCÍPIO:

_____
_____
_____
_____
_____
_____
_____
_____
_____
_____
_____

NUNCA TE ORGULHES DE TER VENCIDO UM ADVERSÁRIO. AQUELE QUE VENCESTES HOJE PODERÁ VENCER-TE AMANHÃ. A ÚNICA VITÓRIA QUE PERDURA É A QUE SE CONQUISTA SOBRE A PRÓPRIA IGNORÂNCIA.

Eu diria que uma das grandes adversidades que o judô apresenta, e que ao mesmo tempo é um grande ensinamento, é o fato de que não importa quantas vezes você tenha vencido alguém, esse alguém pode derrotá-lo em qualquer momento. No judô, ninguém é invencível e, por isso, você deve estar em constante processo de aprimoramento. Embora existam judocas que não são derrotados durante muito tempo em torneios oficiais, mais cedo ou mais tarde acabam caindo. Lembre-se que o judô não é o esporte de fazer marcas de tempo ou distância, mas sim de oposição, de enfrentamento, como o boxe e o tênis, pode haver um favorito, que não necessariamente será o vencedor do evento. O resultado da partida não é determinado até o último segundo. Todos podem cair! E já falamos disso no princípio anterior. Porém, quanto mais preparado você estiver e quanto mais experiência tiver, melhor resultado terá.

Se olharmos pelo lado do favorito, ele deve tratar todos os seus rivais com igualdade, pois, como disse uma vez Yasuhiro Yamashita, uma lenda do judô que foi campeão olímpico e tetracampeão mundial, "ninguém é tão fraco quanto parece, nem tão forte quanto parece". Se não levar em consideração, primeiro, seu excesso de confiança, e até mesmo a arrogância, pode pregar uma peça em você, já que sua atenção durante a luta estará diminuída e esse será o momento preciso em que poderá ser derrubado. Essa mesma situação foi observada em casos de negócios, quando pequenas marcas acabaram derrotando gigantes, por serem consideradas invencíveis. Ou empresas poderosas, que pareciam estar conosco para a vida inteira e caíram no esquecimento. Entre elas, posso citar Kodak, Nokia, Palm, BlackBerry, entre outras do mundo tecnológico. Por outro lado, se considerar um rival alguém que nunca poderá derrotar, é mais provável que seja assim, já que o poder de suas crenças o limitará e o derrotará antes mesmo de você entrar para a luta. Repito constantemente a frase poderosa de Henry Ford, que diz: "Se acha que pode, ou acha que não pode, você está certo". Ponha atenção nos seus pensamentos! Quando são positivos, os sentimentos são positivos, as ações são positivas e, provavelmente, os resultados serão positivos.

Em resumo, o que destaco como essencial para esse princípio? Não deixe que o ego tire sua perspectiva ou que suas vitórias passadas o coloquem em uma zona de conforto. Que a sua humildade seja a força que sempre o mantém em estado de alerta, atenção, preparação e melhoria contínua. Só então você pode garantir sua transcendência e sucesso contínuo.

SUAS IDEIAS, REFLEXÕES E INTENÇÕES DEPOIS DE LER
O QUINTO PRINCÍPIO:

O JUDOCA NÃO SE APERFEIÇOA PARA LUTAR, LUTA PARA APERFEIÇOAR-SE

De todos os princípios de Jigoro Kano, esse é definitivamente o que mais me toca e o que tem sido fundamental na minha vida. Também o relaciono imediatamente com o princípio de melhoria contínua *Kaizen*, já mencionado no meu livro *Do bem-estar à alta performance*. É uma verdadeira maravilha que, como seres humanos, não tenhamos limites predeterminados, e é totalmente contrário a se disséssemos que só até este ponto você pode crescer, saber ou fazer. Um exemplo muito claro do que quero explicar, e diferente dos grandes atletas que tenho mencionado até agora, é o de Tim Ferris, que além de ser o autor do *best-seller Ferramentas dos titãs* e de *A semana laboral de 4 horas*, entre outros, foi campeão de tango na Argentina, campeão de boxe tailandês na Tailândia, empresário, entrevistador, palestrante e talvez quantas outras coisas ainda pode fazer e conquistar, visto que tem apenas 44 anos. Esse exemplo mostra que as suas experiências e sucessos podem ser variados e é de igual mérito que você decida ser um verdadeiro mestre em sua área, seja como empresário, atleta, treinador ou professor, com as conhecidas 10.000 horas de prática. O relevante aqui é internalizar que você não tem limites! E esse é um princípio fundamental para se tornar imbatível. Você estabelece uma meta, a cumpre e se estabelece uma nova meta, ainda mais desafiadora, e a alcança, e gradativamente entra nesse círculo virtuoso, cujo motor fundamental é sentir paixão pelo que está fazendo. Essa paixão se encaixa muito bem no meu modelo dos 4 P's de alto desempenho: Ponto de Quebra, Planificação, Prática e Perseverança, que, integrando este quinto P, o modelo ficaria assim:

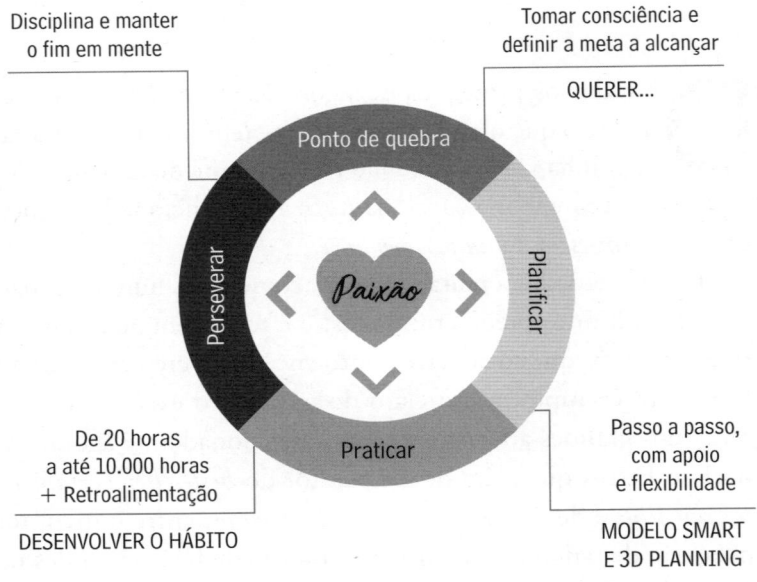

Agora, o que acontece se você já ultrapassou 10.000 horas de prática, teve todo o *feedback* necessário, recebeu apoio dos melhores profissionais, foi humilde e tentou coisas diferentes, perseverou, foi resiliente ... e, ainda assim, você não conseguiu o que queria? Bem, é um bom momento para tomar decisões. E em que você pode basear essas decisões? Em se perguntar se você fez "tudo" que deveria ter feito até agora para atingir seu objetivo, dentro do marco ético correspondente. Se ao se perguntar houver uma dúvida, algo que faltou, um "se houvesse...", pode ser que ainda tenha tempo de tentar novamente. O mais importante é que você sinta dentro de si a tranquilidade e a paz de espírito após dar tudo de si antes de decidir mudar de rumo. Assim como o ditado dos fuzileiros navais americanos: "Todos querem ir para o céu, mas ninguém está disposto a morrer...". Essa foi sua atitude?

Depois dessa reflexão poderosa, se você decidir fazer mudanças, é essencial se conectar com o seu autoconhecimento e esclarecer no que você é bom, pelo menos com certas condições básicas para garantir que você comece um novo projeto que o entusiasme ou que você seja definitivamente apaixonado. Lembre-se de que muitas vezes as duas coisas não coincidem, que você goste de algo e que seja bom nisso. Você também deve entender que às vezes a paixão por algo não é instantânea e aparece com o tempo, com a exploração de algo diferente e um interesse inicial, que, novamente, com a prática e o aperfeiçoamento progressivo, pode tornar-se uma paixão.

Retomando o conceito da melhoria contínua na preparação, deve considerá-lo de maneira integral, garantindo seu bem-estar nas quatro dimensões da energia humana: física, mental, emocional e espiritual. Para treiná-las, considere:

Cuidar de seu físico baseado no seu ADN (Atividade Física, Descanso e Nutrição):

- **Realizando atividade física diariamente**, como mais gostar, o importante é se movimentar regularmente, ou seja, 5 dias por semana durante 30 minutos.

- **Descansando**, desconectando-se e dormindo o suficiente. O que os especialistas recomendam é entre 7 e 9 horas de sono, dependendo do que você define como ideal para você nesse quesito. Além disso, se você puder tirar uma soneca de 20 minutos depois do almoço, vai perceber como seu desempenho melhorará à tarde. Os pilotos da NASA fazem isso para garantir elevados níveis de atenção em suas atividades, também os Carabinieri italianos, conseguindo assim diminuir suas porcentagens de acidentes automobilísticos, e até mesmo Winston Churchill, em plena Segunda Guerra Mundial, dormia até uma hora durante o dia, para estar com as ideias mais claras e tomar boas decisões.

- **Nutrindo-se saudavelmente.** O que significa isso em concreto é o que as pessoas me perguntam constantemente, e de maneira simples respondo: tomar café da manhã como um rei, almoçar como um príncipe e jantar como um mendigo. Ou seja, reduzir gradativamente a quantidade de calorias dessas três refeições principais, com um lanche de no máximo 150 calorias entre elas. Com relação à qualidade da alimentação, certifique-se de ingerir carboidratos (grãos como arroz integral ou os que vêm do trigo) e proteínas (carnes brancas, leite e ovos), sem exagerar (uma porção do tamanho da mão de proteínas e duas de carboidratos), agregando vegetais e frutas com abundância (com duas porções no mesmo prato). Também não se deve esquecer da hidratação, com oito copos de água (200 ml) por dia. Todas as opções anteriores são válidas para uma pessoa "normal", que não seja um atleta profissional ou que tenha alguma condição de saúde particular. Em tal caso, seria fundamental consultar um especialista.

Cuidar de sua mente através das atividades VAM (Visualizar, Aprender, Meditar):

- **Visualizando** o seu dia desde o início e antes de cada um dos desafios que você enfrentará. Lembre-se de que, para situações que são de grande relevância para você, a preparação é fundamental. Seja antes de uma importante reunião de negócios, antes de uma competição esportiva ou até mesmo antes de pedir a sua namorada em casamento. Mas o que é visualizar? É algo tão simples como imaginar por alguns minutos (com os olhos fechados e em um espaço tranquilo) o que você vai fazer, de forma impecável: seus movimentos, suas palavras, suas feições, seus sentimentos, fazendo com que o positivo predomine, como se você estivesse realmente vivendo essa situação. É um verdadeiro treino prévio mental, onde também pode imaginar as possíveis dificuldades que aparecerão durante a realização do desafio. Na minha carreira como judoca, usei muito a visualização, imaginando os movimentos de ataque e contra-ataque que eu e meus oponentes (que eu já havia estudado antes) poderíamos fazer. Atualmente como *coach* executivo e relator internacional, continuo utilizando o método da visualização, seja para mim mesmo ou com meus clientes.

- **Aprendendo** de forma permanente. É a maneira de garantir que sua mente fique cada vez mais poderosa com o conhecimento, para colocá-lo em ação quando você precisar dele e expandi-lo para outras atividades que sejam estranhas a você, de tal forma que, colocando seu cérebro para trabalhar, aprendendo como tocar um novo instrumento musical ou um novo idioma, você gere novas conexões cerebrais, ativando-o (treinando), para que sua duração seja muito mais prolongada no tempo. Ler, nem é preciso dizer, é uma das melhores opções para continuar aprendendo, além de participar de cursos e programas de estudo, assim como conversar com pessoas que nos avantajam na disciplina em que queremos nos desenvolver.

- **Meditando.** Nosso cérebro também precisa se desconectar e se recuperar. Além de dormir, meditar é uma possibilidade tremenda para garantir uma boa recuperação mental. A ideia é justamente suspender os múltiplos pensamentos que nos invadem a cada minuto e concentrar-nos em apenas uma coisa, que é respirar nesse momento. A atenção estará dirigida a como entra e sai o ar de nossos pulmões através do nariz ou da boca, sem pressa e de maneira profunda. Praticar por 20 minutos ao dia, valendo começar com até um minuto ao dia (OMM: One Minute Meditation) proporcionará a você dois grandes benefícios: o primeiro é que você desfrutará de maior tranquilidade durante o dia, estando mais receptivo e calmo (estado *zen*), e o segundo é que seu poder de concentração aumentará, o que significa que você poderá fazer trabalhos que exigem uma atenção sustentada por longo tempo, sem perdê-la.

Além dessas três atividades essenciais para um ótimo cuidado mental e ganho de energia, é de grande relevância poder vigiar quais são os seus pensamentos e aquelas conversações que tem consigo mesmo. Seja amável e positivo. Lembre-se de que a qualidade das conversações que tem com os outros e consigo mesmo determina a nossa qualidade de vida, de acordo com o que diz Anthony Robbins.

Cuidar de suas emoções usando a estrutura da Inteligência Emocional

Daniel Goleman propõe trabalhar nas quatro etapas fundamentais da Inteligência Emocional. Primeiro deve reconhecer a emoção predominante em você, em diferentes momentos do dia. Por exemplo, qual seria sua principal emoção ao chegar ao trabalho? E ao meio-dia? Ou antes de entrar em sua casa à noite? Você se detém para verificar como se sente? Você estará em sua emoção ideal para, por exemplo, atender um cliente, se ficar chateado com uma discussão que acabou de ter ao telefone com seu parceiro? Quais emoções você identifica sentir durante o dia, no trabalho ou em casa? Raiva, frustração, tensão, esperança, paixão, alegria, entusiasmo, tranquilidade, relaxamento, depressão, estado de derrotado, sem esperança, otimista, confiante? Há quanto tempo vem se sentindo assim? Gosta de como tem se sentido ou quer mudar? Se você identificar o que está sentindo, poderá tomar uma decisão a respeito, caso contrário será um refém das circunstâncias ao seu redor. E é justamente esse o convite que lhe faço, para ser um protagonista frente ao seu estado emocional, de tal forma que, assim, avançamos ao próximo estágio de inteligência emocional, que é a autogestão. Em outras palavras, faça algo a respeito para mudar sua emoção, se não quiser se sentir mal. Aqui vale a pena chamar um amigo que escute você ou que o faz rir, passear no parque, ouvir uma música que lhe dê paz de espírito ou o motive, meditar, dependendo do estado emocional que deseja alcançar.

Até agora nos referimos a entender a emoção para o próprio gerenciamento. Mas também faz parte da inteligência emocional captar como os outros à sua frente estão se sentindo, de modo que você possa interagir com essa ou essas pessoas de maneira adequada, com assertividade. São as chamadas, respectivamente, consciência social e gestão relacional. O seu sucesso profissional dependerá disso: saber modificar as suas emoções e, de alguma forma, influenciar positivamente os outros.

Cuidar de seu bem-estar espiritual depende principalmente de três coisas:

- **A primeira** é a relação de coerência com seus valores. Por exemplo, se você valoriza a amizade, quanto tempo, atenção e energia você investe em seus amigos? A mesma pergunta para esportes ou família, ou outra coisa em sua vida que seja muito importante para você, ou seja, as quais você dá um grande valor. O que você diz, você faz! Que não haja dissonância dentro de você. O típico "eu disse sim, mas queria muito dizer não". Isso dissipa sua energia espiritual. Demostre com ações a paixão que tem por algo.

- **A segunda** está relacionada ao motivo pelo qual você faz o que faz todos os dias. Quão claros são para você ou seus propósitos de vida? O que você quer alcançar? Que legado você quer deixar? Qual vai ser a sua contribuição para o mundo? Eu me refiro à sua missão essencial, o que para muitas pessoas não é fácil de achar. E essa poderia ser uma primeira e importante missão: achar o seu propósito de vida. Em mais de uma ocasião, tive clientes que me disseram que não tinham certeza do queriam fazer com suas vidas e não sabiam se estavam no caminho correto. E esse é o primeiro hábito fundamental das pessoas de alta *performance*, de acordo com pesquisa feita por Brendon Burchard: "buscar claridade". E isso se consegue parando, desacelerando o piloto automático do dia a dia, para pensar, refletir, organizar esses pensamentos e depois seguir em frente, descobrir novas situações, conversar, experimentar, aprender... Existirá algo mais importante que parar para pensar?

- **A terceira** é a prática mais recomendada pela psicologia positiva para construir bem-estar, e é saber agradecer. Fazer da gratidão um hábito. Essa prática é realizada tanto com o foco nos outros, como na nossa própria vida. Quando agradecemos aos outros, essa gratidão deve ser expressada com sinceridade e dedicando o tempo necessário a essa pessoa, detalhando o motivo de gratidão expressada. Por exemplo, pode ser um colega de trabalho que sempre o leva para casa no caminho, ou que lhe envia relatórios a tempo ou compartilha o lanche com você. Também pode ser para seu marido ou esposa, pois nos fins de semana, ele ou ela preparam um delicioso café da manhã, ou para os filhos. Você pode até definir um certo número de agradecimentos a serem realizados durante o dia. Ao agradecer com intenção e dedicação, você pode transformar positivamente o dia de uma pessoa. Quando é orientada a nós, totalmente complementar ao agradecimento aos outros, você pode terminar o dia registrando em um bloco de notas, caderno ou agenda, ou talvez através de uma oração, agradecendo por todas as coisas positivas do dia: por ter dormido bem, pela água quente do chuveiro, por ter realizado o trabalho que lhe foi confiado, por saborear um gostoso café, por ter chegado bem em casa, pelo beijo dos filhos, por um abraço amigo, por compartilhar um delicioso jantar com a sua família e muitas outras coisas nas quais só precisamos voltar nossa atenção. Você decide no quê. Para isso, serão necessários só alguns minutos para refletir e perceber que muitas das coisas que acontecem com você durante o dia são verdadeiras bênçãos que não acontecem necessariamente a todos, ou que acontecerão novamente amanhã. Muitas vezes, só valorizamos o que temos quando o perdemos. Que não seja assim no seu caso.

Praticando essas três ações fundamentais da dimensão espiritual, aliadas ao cuidado e preparação do seu bem-estar físico, mental e emocional, você poderá alcançar um alto nível de satisfação com a sua vida, um bem-estar integral e, portanto, a tão almejada felicidade que buscamos como seres humanos.

Melhorar é uma preparação constante, é treinar-se para se tornar a melhor versão de si mesmo, PARA TORNAR-SE IMBATÍVEL!

SUAS IDEIAS, REFLEXÕES E INTENÇÕES DEPOIS DE LER O SEXTO PRINCÍPIO:

7 O JUDOCA POSSUI A INTELIGÊNCIA PARA COMPREENDER O QUE LHE É ENSINADO E PACIÊNCIA PARA ENSINAR O QUE APRENDEU AOS SEUS PARES

Quando você já tem instalada a vontade permanente de aprender, de crescer e se desenvolver, junto com a humildade e a abertura permanente para isso, o conhecimento adquirido deve ser multiplicado. E qual a melhor forma para que isso aconteça? Assumindo a responsabilidade de ensinar o que aprendeu. Foi o que fez o grande mestre Jigoro Kano para conseguir que o judô se expandisse mundialmente com todos os *senseis* (mestres) que estavam treinando e que emigraram para o mundo para treinar outros mestres, e estes a outros, atingindo assim milhões de praticantes. E tudo isso sob o mesmo protocolo, sob a mesma metodologia e, sobretudo, sob os mesmos princípios.

Uma analogia organizacional para o que aconteceu com o judô, atrevo-me a dizer que é o caso da Starbucks, cuja essência, metodologia e valores fundamentais estabelecidos por Howard Schultz, criando um ambiente especial e amigável para ser o lugar de preferência das pessoas entre a casa e o trabalho, também se expandiram globalmente.

Outro exemplo de sucesso e valor em transferir o que se sabe, não só do ponto de vista técnico, mas principalmente como identidade e cultura, são os All Blacks, do time de rúgbi da Nova Zelândia, que atribuem responsabilidade ao grupo de jogadores veteranos de acolher os novos e transferir para eles o que se espera deles. Formando assim um grupo de líderes, a quem foram confiadas as principais decisões e autoridade para fazer cumprir as diretrizes e os comportamentos essenciais dos All Blacks. Os líderes formam líderes com propriedade, autonomia e iniciativa. Isso não seria possível sem um senso de propósito maior e comum, juntamente com a responsabilidade compartilhada. Os All Blacks chamam esse princípio de "passar a bola".

O mais importante a respeito do princípio de ensinar o que você aprendeu é que, ao ensinar, você continua aprendendo e se aperfeiçoando.

No mundo organizacional, a prática fundamental da transferência de conhecimento e experiência é por meio do *feedback*, da retroalimentação constante, para o qual é necessário destinar tempo, energia e, como diz Jigoro Kano, paciência. Infelizmente, existem poucas empresas e organizações que se concentram nessa prática de forma regular. A grande maioria não considera necessário e usa a típica frase "por isso contratei profissionais" ou "eles sabem o que têm que fazer". O que em parte pode ser verdade e, ao mesmo tempo, eles não sabem tudo e, com certeza, têm espaço para continuar aprendendo, crescendo e melhorando.

Lembre-se de que seu primeiro papel como líder é assumir o controle das mudanças em você mesmo e depois ser um facilitador da mudança, do desenvolvimento e do crescimento de outros, principalmente daqueles que o seguem ou dependem de você. "Um líder forma líderes".

SUAS IDEIAS, REFLEXÕES E INTENÇÕES DEPOIS DE LER O SÉTIMO PRINCÍPIO:

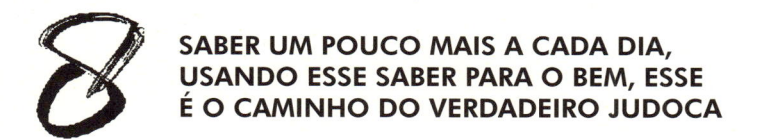

8. SABER UM POUCO MAIS A CADA DIA, USANDO ESSE SABER PARA O BEM, ESSE É O CAMINHO DO VERDADEIRO JUDOCA

Interprete esse "uso do conhecimento para o bem" com a missão e o propósito essenciais que você tem na vida. Depois de defini-lo, ou se ainda não o fez, as perguntas que lhe faço são: qual a razão de se levantar todas as manhãs? De que forma você será uma contribuição para o mundo durante sua passagem? Qual será o seu legado? Como você espera transcender? Você será apenas uma estrela cadente? Tenho certeza de que não, já que fomos criados para fazer grandes coisas. Você só precisa acreditar nisso, mesmo que haja "pequenas coisas" que você esteja disposto a fazer, e como a Irmã Teresa de Calcutá costumava dizer: "Uma gota a mais no mar é o mar mais uma gota".

Você sempre pode contribuir com um mundo melhor de alguma forma, em seu entorno ou nos ambientes mais próximos. Às vezes, bastará perguntar à sua equipe como ela se sente hoje, com algum tempo e atenção para ouvir suas respostas. Serão atos de enorme valor e isso não é algo que somente eu proponho. Recentemente, li um artigo da revista *Time*, que detalha como nos Estados Unidos essa é a prática que alguns diretores de empresas estão adotando antes de começar as suas reuniões de trabalho. Assim, há muitas coisas que podemos aprender, internalizar e depois aplicar ao nosso redor. Por último, o que você vai descobrir é que usar o seu conhecimento para melhorar a qualidade de vida dos outros lhe trará uma enorme satisfação, que se traduz diretamente no seu bem-estar, e que lhe dará ainda mais energia para cumprir seus propósitos. Não há razão para guardarmos o que sabemos, pois a forma como entregamos será única, difícil de igualar. Um exemplo dessa ideia é o material que preparo para minhas palestras, que a cada vez que o desenvolvo levo entre 2 e 8 horas, dependendo do tema que irei abordar e, após fazer a apresentação, envio para todos os participantes o que lhes foi apresentado. Alguns me dizem que vão me copiar, mas, como dizem por aí, "as coisas boas são copiadas", e se assim for, isso me lisonjeia, e se também funcionar para eles, e continuarem a compartilhar, ótimo! Aplique a generosidade, sem deixar naturalmente que as pessoas se aproveitem de você, é claro. Você logo perceberá os benefícios que ela traz. Esqueça a ideia de que "o sucesso não se compartilha". Aqueles que dão mais do que tomam, que colaboram, são os que ganham o respeito de com quem trabalham, geram as melhores relações e acabam colhendo grandes frutos a longo prazo. Este é o meu convite para você, com este princípio. Experimente para ver que acontece!

SUAS IDEIAS, REFLEXÕES E INTENÇÕES DEPOIS DE LER O OITAVO PRINCÍPIO:

PRATICAR JUDÔ É EDUCAR A MENTE A PENSAR COM VELOCIDADE E PRECISÃO, BEM COMO O CORPO A RESPONDER COM JUSTEZA. O CORPO É UMA ARMA CUJA EFICIÊNCIA DEPENDE DA PRECISÃO COM QUE SE USA A INTELIGÊNCIA.

Como dizia Pitágoras: "O corpo é o templo da alma". Na realidade, não há separação entre corpo, mente e espírito. Tudo está tremendamente conectado em nosso corpo, com milhões de células e mecanismos que funcionam internamente com a máxima precisão para que façamos o que queremos e precisamos fazer, chegando a níveis inacreditáveis. Você é o que come, uma vez que os nutrientes dos alimentos são encaminhados para as células e formam os tecidos. Você é o que pensa, pois o que se passa em sua mente e se repete milhares de vezes pode levá-lo a grandes conquistas, satisfações e bons relacionamentos, e pelo contrário, pode deixá-lo em um estado totalmente tóxico, e isso é literal, como quando você libera cortisol (o hormônio do estresse) em sua corrente sanguínea reiteradas vezes por infortúnios que você rumina mentalmente e que nunca chegam a acontecer. E, por fim, você é a interação holística de tudo isso, junto com a sua interação com o meio ambiente, que o leva a se sentir mais ou menos satisfeito com a vida que você tem, dando-lhe a paz e a felicidade que você busca como ser humano. É por isso que, tanto em meu primeiro livro quanto neste, o foco no autocuidado continua sendo a prioridade número um, o qual eu recomendo. São autores e visões diferentes, todos, um ou outro, acabam conectando os resultados que você tem na vida com a sua mente, o seu físico ou o seu espírito, e com as emoções devidamente conectadas às três dimensões anteriores. Do meu ponto de vista, não é tão importante o método que você vai escolher para garantir seu bem-estar nas quatro dimensões tratadas (físico, emocional, mental e espiritual). O importante é que você se comprometa em alcançar esse bem-estar, seguindo o que mais ressoa em você das ideias que foram propostas ou outras e, claro, que acredite que funcione. De minha parte, continuarei descobrindo, estudando, aprendendo e compartilhando o que descubro. Porque maximizar o rendimento humano é a minha paixão, que você alcance suas metas é a minha missão, e aprender cada vez mais para isso é a minha obsessão. Hoje, existem centenas de pessoas com quem eu compartilho presencialmente, além dos milhares de RRSS no Instagram, YouTube e LinkedIn. Espero que esse número continue a crescer e alcance centenas de milhares, em uma única sinergia de melhoria e prosperidade mútua como seres humanos. Se alguma vez você leu ou ouviu o lema dos Jogos Olímpicos: *Citius, Altius, Fortius* (mais rápido, mais alto, mais forte). Pois, agora, nos recentes celebrados JJOO de Tokio, foi incorporada a esse mesmo lema a palavra "juntos".

Convido-o a investigar onde estão os seus limites e a desafiá-los permanentemente, para desenvolver ao máximo a sua inteligência multidimensional, sem medo de cair, errar ou ser derrotado. Peça ajuda quando precisar, humildemente. E, acima de tudo, sempre prepare-se, pois quanto mais preparado você estiver, mais fácil poderá ressurgir, ter sucesso, liberando todo o seu potencial, para tornar-se IMBATÍVEL!

SUAS IDEIAS, REFLEXÕES E INTENÇÕES DEPOIS DE LER O NONO PRINCÍPIO:

PARTE 2

RECURSOS DE UM IMBATÍVEL

Nesta parte do livro, compartilharei com você simples e efetivas práticas que devem fazer parte da sua preparação para ser um imbatível. Não basta lê-las, é preciso vivê-las! Começaremos com dez frases, que você pode repetir uma e outra vez, e as vezes que você quiser, para se conectar com seu poder interior. Estas frases, você pode dizê-las de manhã, ao acordar, ou ao chegar ao trabalho, antes de uma situação que é importante para você, na qual gostaria de sentir-se mais fortalecido. Você pode deixá-las impressas ou escritas em lugares estratégicos. O que estamos procurando aqui é que esses pensamentos por meio de palavras sejam transformados em ações, e essas ações em hábitos, que tornarão você altamente efetivo.

Tudo é possível!

Hoje será um grande dia!

Minha atitude é o meu maior valor como pessoa!

Meu maior talento é meu esforço!

Meu mundo interior cria meu mundo exterior!

Eu posso, eu quero, eu mereço, eu vou conseguir!

Sou esforçado e inteligente, vou me dar bem!

Eu acredito no meu sucesso!

Eu me concentro em construir meus resultados!

Estou comprometido com meu crescimento!

Agora o convite é para que você crie as suas próprias frases de poder, ao menos cinco:

_____
_____
_____
_____
_____
_____
_____
_____
_____
_____
_____
_____

EXERCÍCIOS DE PREPARAÇÃO MENTAL ATRAVÉS DO CORPO, DE ACORDO COM PROPÓSITOS ESPECÍFICOS

Se considerarmos o que a Ciência diz como, por exemplo, o modelo da tripla coerência do ser humano, proposto pelo *Coaching* Ontológico, nossa corporalidade pode mudar nossa mente (e vice-versa), essa mente, o nosso comportamento, e esse comportamento, os nossos resultados. Portanto é melhor preparar-nos praticando algumas posturas corporais, assim como fizemos com as frases de poder.

Aqui vamos.

1. Centramento – "Step-Out"

Este exercício foi criado para quando você sentir que está carregado de uma emoção da qual você deseja se desconectar e retornar ao seu centro (emocionalmente neutro). Tomará só alguns minutos e o resultado é quase imediato para sentir-se diferente, mais balanceado.

Desenvolvido originalmente para atores, pela psicóloga Susana Bloch.

Veja a sequência da figura 3.

- Em pé, coluna ereta, pés paralelos, alinhados com a borda externa do quadril.

- Olhe para frente em um ponto distante no horizonte.
- Músculos faciais relaxados.
- Respire pelo nariz de forma calma, suave e relaxada, num ritmo em que a inspiração dura a mesma duração que a expiração.
- O ritmo respiratório é sincronizado com o movimento contínuo dos braços.
- Os braços são usados esticados, de baixo para cima, com as mãos cruzadas na frente do corpo, traçando uma espécie de arco generoso.
- Em seguida, dobre os cotovelos até chegar à nuca com as mãos.
- Retorne seus braços para a posição original, exalando o ar suavemente entre os lábios, sempre mantendo o as mãos cruzadas.
- Repita a mesma sequência pelo menos três vezes, conscientemente.
- Em seguida, toque seu rosto com movimentos suaves de massagem com pinceladas leves, com as pontas dos dedos, do centro para fora do rosto.
- Finalmente, mude de posição, sacudindo o corpo, pernas e cabeça.

Para saber mais sobre esse exercício, você pode ler *The Dawn of the Emotions*, de Susana Bloch.

Figura 3

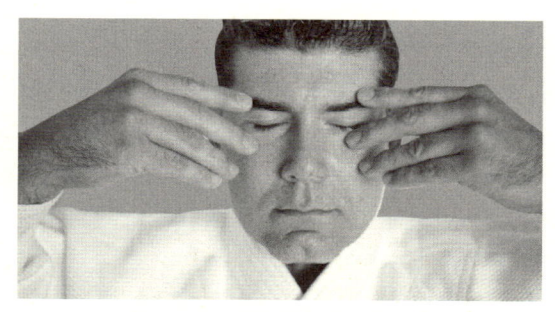

TORNE-SE IMBATÍVEL | 65

2. Ativação

Este exercício foi desenvolvido para ativá-lo nas situações em que você sente sono ou precisa estimular seu sistema atencional, entusiasmo e vontade de aprender. A execução dele também não excederá dois minutos.

Veja a figura 4.

- Em pé, pernas na largura dos ombros, corpo em linha reta, olhe para frente.

- Mãos com as palmas para cima e os braços totalmente estendidos, também para cima.

- Sente-se em uma cadeira imaginária, até que seus joelhos estejam a 90 graus, trazendo suas nádegas para trás, sem que os joelhos sigam para a frente (um agachamento).

- Ao se agachar, dobre os cotovelos, alcançando com as mãos na altura dos ombros.
- Ao sentar-se (imaginariamente), inspire e, ao se levantar novamente, expire com força.
- Quando você retornar à posição original, estique novamente cotovelos e braços para cima.
- Repita 10 vezes à taxa de um agachamento por segundo.

Exercício elaborado pelo autor, adaptado do exercício proposto por John Ratey.

Figura 4

3. Pose de poder: super-herói

Se você precisa se sentir mais confiante e fortalecido, este exercício é para você. Estudos indicam que dois minutos nesta pose serão suficientes para diminuir o cortisol circulante (hormônio do estresse) e aumentar a testosterona. Conecte-se ao Super-Homem ou à Mulher Maravilha que existe dentro de você! Veja a figura 5.

- Em pé, pernas na largura dos ombros, corpo ereto e (estufando o peito) olhar para o horizonte, queixo ligeiramente levantado.
- Mãos na cintura, com as mãos fechadas (punho apoiado).
- Mantenha a posição, respirando profundamente, inspirando não mais que em oito segundos e expirando no mesmo ritmo.
- Enquanto mantém a pose, conecte-se com sua(s) frase(s) de energia e repita-a(s) mentalmente.
- Execute o exercício por dois minutos.

Para saber mais sobre este exercício, você pode assistir ao TED Talk de Amy Cuddy, intitulado Sua linguagem corporal pode moldar quem você é.

Figura 5

4. Conquista - Celebração - Vitória

Ao fazer este exercício, você se sentirá tão poderoso quanto com o anterior (super-herói), ainda mais se você o conectar com suas conquistas pessoais até este momento. O sentimento será de vitória, orgulho, sucesso, reconhecimento e celebração, por ter alcançado o que você se propôs a fazer, levando você a repetir essa conquista.

Veja a figura 6.

- Em pé, uma perna na frente da outra, corpo reto e ligeiramente inclinado para frente (proeminente no peito), olhar para frente e para acima 45° (cabeça ligeiramente inclinada para trás), esboçando um leve sorriso (sentindo a alegria da conquista).

- Braços estendidos para cima, entre eles marcando um grande V, mãos fechadas ou bem abertas, como sentir melhor.

- Mantenha a posição, respirando profundamente, inspirando não mais que em oito segundos e expirando no mesmo ritmo.

- Enquanto mantém a pose, conecte-se com os triunfos de sua vida, suas conquistas, o que você tem orgulho de ter alcançado.

- Execute o exercício por dois minutos.

- Também pode estar caminhando para frente se preferir.

Para saber mais sobre esse exercício, você pode assistir ao TED Talk de Amy Cuddy, intitulado Sua linguagem corporal pode moldar quem você é, ou ler o livro de Paulo Vieira, *O poder da ação*.

Figura 6

5. Hajime: comece "com tudo"

Este exercício vem do próprio combate de judô competitivo, pois são as palavras que o árbitro diz para que a luta comece, uma vez que ambos os competidores se cumprimentaram respeitosamente na área de competição (tatame). Já não há volta... é o momento da verdade! "Eu estou indo para o meu propósito!".

Totalmente aplicável à nossa vida profissional executiva, quando precisa rapidamente entrar em um sentimento decisivo e se orientar para a realização com convicção.

Veja a figura 7.

- Em pé com as duas pernas juntas, faça uma reverência com o tronco, olhando para frente com os braços estendidos, até as mãos alcançarem os joelhos, e depois volte à posição inicial.

- Em seguida, respire fundo e dê um passo à frente com muita força, com os braços estendidos, como se quisesse agarrar algo com as mãos nessa posição.

- Ao mesmo tempo, grite *"hajime"*, que significa "começar" em japonês, avançando ao encontro do desafio adiante!

Desenvolvido pelo autor, adaptado do início de uma luta de judô.

Figura 7

Embora esses exercícios sejam rápidos de executar, a fim de que deem certo, recomendo que sejam feitos em um espaço tranquilo e privado. Se, por exemplo, estiver prestes a entrar em uma entrevista de trabalho, pode ser feito no *hall* da escada, sem que ninguém veja ou, às vezes, até mesmo num banheiro.

Lembre-se de que a prática leva à perfeição. Quanto mais fizer, melhor resultado vai ter.

Se, além disso, ajudar você a se conectar melhor com o momento e a execução, você pode colocar alguma música de sua escolha, que lhe gere maior confiança.

OUTROS 7 EXERCÍCIOS DE PREPARAÇÃO E ALTAMENTE EFETIVOS, PARA MOMENTOS DE ALTA PRESSÃO

1. Inventário de realizações e sucessos

Escreva (à mão) uma lista das coisas que você alcançou e/ou já superou em sua vida, ao menos 10, e que permitiu você chegar aonde está agora e desfrutar de grandes momentos. Às vezes, inclusive, pode ter sido uma experiência difícil, mas de grande valor e aprendizagem. Durante este exercício, não é hora de ser modesto consigo mesmo. Reconheça o quão valioso você é e solte a mão escrevendo! E se depois quiser compartilhar o que descobriu, ao escrever com alguma pessoa de confiança, vá em frente.

2. Presença presente

Por alguns minutos, preste atenção ao que você vê, ouve e sente. É hora de se conectar com seus sentidos, ser um ótimo observador e ver as coisas como em câmera lenta. Pode ver as pessoas passar pela rua, uma árvore em movimento, crianças brincando ou pessoas conversando em um café. Não pare de se observar, sendo consciente do que observa. E lembre-se de que observar não é o mesmo que avaliar. Não julgue!

3. Ouça ou cante suas músicas de poder

Ouça ou cante aquelas músicas que elevam seu espírito e entusiasmo, conecte-se com sua melodia e/ou letras. Não importa se está no chuveiro, dentro do carro ou no teletrabalho, expanda-se e se libere ao menos com uma canção. Uma das minhas preferidas é "Exagerado", de Cazuza. Você também pode aproveitar a conexão da música com a visualização (imagem futura positiva) de um resultado favorável que deseja alcançar. Tem 50% de chance de alcançá-lo, portanto, você deve focar completamente nessa possibilidade, para sair favorecido. Seja otimista!

4. Recrie a situação de pressão

Você já ouviu falar sobre "*role play*" ou recreação de uma situação? Se você já praticou, melhor ainda. Compartilho dois exemplos concretos para que você entenda a ideia. O primeiro, quando meu treinador de judô me fazia treinar contra oponentes que eram muito semelhantes em características aos competidores que eu teria nos campeonatos, e pediu-lhes que imitassem os estilos de luta desses competidores. Adicionalmente, somava pessoas que estavam do lado de fora da área de treinamento, fingindo ser uma torcida contrária e gritando de tudo para mim. O segundo exemplo, com uma das minhas clientes de *coaching*, ensaiamos uma situação de dispensa que essa executiva deveria realizar a um trabalhador muito violento, onde, na prática, eu conscientemente exagerei na representação do outro; no entanto, para ela foi extremamente útil para poder resolver a situação real subsequente, que acabou sendo muito semelhante à nossa representação. Espero ter me explicado bem em como recriar uma situação (*role play*), com esses dois exemplos.

Para esse exercício, você precisará de um parceiro confiável e separar pelo menos uns 10 minutos para a prática.

5. Compartilhe o que lhe acontece

Você pode fazer este exercício consigo mesmo, escrevendo o que você está passando. Solte sua mão para escrever e não pare pelo menos por 5 minutos, para depois analisar o que você escreveu. Só pelo fato de escrever, liberando o que está em sua mente (dentro de você), poderá se sentir mais aliviado, mesmo que você não tenha encontrado a solução para o problema a resolver. Ao mesmo tempo, você pode acabar descobrindo formas, que não tinha considerado antes, para superar o desafio. Outra maneira de fazer isso é conversar com alguém em quem possa confiar, com quem você também poderia, ou não, encontrar respostas e novas possibilidades de ação. A ideia com este exercício é descarregar, tirar o peso que está em cima de você.

6. Pressione e solte

Pode até parecer um exercício meio bobo ou muito simples, mas por alguma razão foram criadas as bolas, ou chaveiros antiestresse, que, com o seu material esponjoso, permitirão que aperte várias vezes e retome a sua forma inicial, até que você se sinta menos tenso. Como alternativa de material, você também pode usar uma bola de tênis ou de borracha pequena.

7. Escolha a hora do dia

Idealmente, seja qual for o desafio ou a tarefa de grande importância que você vai enfrentar durante um dia X, escolha uma hora do dia para esse desafio, em que você sabe que estará no seu melhor ser, com a melhor energia. Procure descobrir qual é o seu ritmo circadiano ideal: cotovia (alto desempenho de manhã cedo), coruja (alto desempenho à tarde/noite) ou beija-flor (uma mistura dos dois anteriores). Trabalhando com um cliente, gerente-geral com grande experiência, de uma multinacional, descobrimos que o melhor momento para que ele desse *feedback* a sua equipe era por volta das 11 horas, quando a sua atenção, entusiasmo e energia estavam em alta.

Se você considerar a execução desses sete exercícios, mais os cinco de corporalidade, são doze ferramentas a sua disposição para serem usadas quando você precise delas de forma individual ou combinadas. O propósito é que você se sinta ótimo naquela atividade que deve realizar. Mais bem preparado, com mais confiança, positivo e, ao mesmo tempo, com tranquilidade. Em definitivo, na sua melhor versão.

Cada novo desafio é uma nova oportunidade, e provavelmente não será a única. A vida tem reservado para você um mundo de possibilidades para explorar e, como Stephen Covey já disse, terá mais sorte nelas quanto mais preparado você estiver e atento para não as deixar passar.

OS 11 COMPROMISSOS DE UM IMBATÍVEL

Se você realmente deseja se tornar imbatível, é essencial que você conecte e aplique os 11 compromissos a seguir, que são as regras de ouro de um imbatível:

1. O imbatível está comprometido com sua preparação para alcançar sua melhor versão, sempre atento para aprender constantemente nas diferentes áreas de sua vida.

2. O imbatível se compromete com o seu cuidado físico: ADN (Atividade Física, Descanso e Nutrição).

3. O imbatível está altamente consciente de em que e em quem investe seu tempo, atenção e energia.

4. O imbatível vigia o que se diz, com aquilo que acontece ou vai acontecer.

5. O imbatível observa cuidadosamente o ambiente, parando para pensar e depois agir.

6. O imbatível reconhece suas emoções e age quando precisa modificá-las.

7. O imbatível sabe que o tempo é limitado e é por isso que o administra com foco nos seus objetivos, distinguindo o que é importante do urgente.

8. O imbatível não tem medo de errar, pois sabe capitalizar cada caída ou derrota como um aprendizado que o tornará melhor.

9. O imbatível respeita as diferentes perspectivas e está aberto a receber *feedback* com humildade, o que o torna ainda mais poderoso.
10. O imbatível se adapta às mudanças com flexibilidade e coragem.
11. O imbatível compartilha sua energia positiva com os outros, comunicando-se assertivamente.

MELHORES PRÁTICAS PARA TORNAR-SE IMBATÍVEL

Recomendações para o dia a dia. Lembre-se de que isso não é "achologia", é ciência.

1. Durma o suficiente: de 7 a 9 horas por dia.
2. Visualize o dia como positivo: 5 minutos após acordar.
3. Faça exercícios físicos: 30 minutos por dia.
4. Leia: 30 minutos por dia.
5. Medite: 20 minutos por dia.
6. Faça pausas para recuperação durante o dia: pelo menos 3 vezes de 5 a 10 minutos.
7. Tenha seus objetivos definidos para o dia: os três principais (os mais importantes).
8. Coloque toda a sua atenção no que você está fazendo ou na pessoa com quem você está conversando.
9. Preste atenção em como você se sente, perguntando-se cada vez que você entra em um novo espaço, e verifique se está em linha com como você quer se sentir. Faça as chamadas "transições".

10. Desconecte as notificações do telefone e do computador.

11. Estabeleça horários para revisão de telefone e computador.

12. Beba aproximadamente 8 copos de água por dia.

13. Coma refeições balanceadas em macronutrientes com porções do tamanho da sua mão nas três refeições principais (café da manhã, almoço e jantar).

14. Entre as três refeições principais, coma lanches de 150 calorias e baixo índice glicêmico.

15. Compartilhe momentos de qualidade e divirta-se com a família e/ou amigos.

16. Não ingira alimentos ou líquidos com alto teor de energia antes de dormir.

17. Desconecte-se das telas de LED pelo menos uma hora antes de dormir.

18. Aprenda algo novo todos os dias.

19. Aceite os erros e os transforme em aprendizado.

20. Busque novas possibilidades diante das dificuldades, com um parecer diferente do seu.

21. Faça algo que seja desconfortável para você. Desafie-se.

22. Escreva suas reflexões à mão por alguns minutos, em um diário ou bloco de notas.

23. Faça algo por alguém: agradecimento, amabilidade, apoio ou ajuda.

24. Agradeça pelas melhores coisas do dia, até as mais simples, antes de dormir.

Para que você possa incorporar novas práticas e rotinas diárias que o levarão a hábitos de alto desempenho, é imprescindível identificar comportamentos e ações que deve deixar de fazer, para assim abrir espaço aos novos e melhores comportamentos que vai adquirindo. O tempo diário é limitado e você tem um total de 168 horas por semana para organizar sua vida da melhor maneira possível em benefício do seu bem-estar e alto desempenho.

MINHA ROTINA IMBATÍVEL
(SEMPRE EM MELHORIA)

- Acordar, visualizar 2 minutos e alongar por 3 minutos.
- Beber meio copo de água inicialmente.
- Logo no café da manhã: meio copo de suco de laranja, um café espresso, pão integral com presunto de peru ou iogurte com aveia.
- Leitura por 40 minutos (dois livros, 20 minutos cada um) e planejamento pessoal com revisão da agenda por 20 minutos.
- Preparação para sair de casa com os filhos para a escola.
- Transporte das crianças para a escola, com música, conversas e risos. Que seja um momento divertido mesmo com tráfego.
- Caminho para academia, ouvindo uma palestra sobre algum tópico específico ou telefonema de trabalho.
- Treinamento de no máximo uma hora, em sistema de circuito para a resistência muscular e cardiorrespiratória, além da flexibilidade inicial de aquecimento.
- Consumo de um *shake* de frutas com proteína.

- Caminho para o trabalho com conversas de coordenação, reuniões com clientes etc.

- Antes de entrar para interagir com outras pessoas, sejam elas clientes, familiares ou amigos, visualizo compartilhar minha melhor energia.

- Durante a atenção a clientes em *coaching* individual, *workshops* em grupo ou palestra, nessas 3 a 4 horas, consumo de 3 copos de água.

- Almoço balanceado e nutritivo com base em salada e proteína, acompanha limonada, mais ou menos 30 min. quando acompanhado e 20 min. quando sozinho sem conexão digital para prestar atenção à alimentação.

- Idealmente, um cochilo de 15 minutos e depois um café espresso.

- Voltar ao trabalho no mesmo esquema do turno da manhã com *coaching*, palestras, *workshops* e/ou preparação de propostas ou programas aos clientes. Consumo de 3 copos de água, além de lanche de 250 calorias (se gostoso, melhor).

- Voltar para casa, ouvindo música positiva ou conversar com amigos/familiares.

- Já em casa, compartilhar e jantar em família, alimentação parecida com aquela consumida no almoço, acompanhada de uma boa taça de vinho.

- Oração familiar antes de as crianças dormirem, principalmente de gratidão pelo bem do dia.

- Distração com a esposa por algum interesse comum.

- Bom sono de 6 horas no mínimo, 7 horas o ideal.

Embora minha rotina ainda precise de algumas melhorias, de acordo com a indicação de especialistas, para continuar aumentando meu desempenho, e considerando que alguns dias são melhores do que outros, consigo cumprir o que me proponho e considero importante em minha vida em uma média de 80%, sentindo-me satisfeito e com um bom *feedback* do meu entorno. Isso durante a semana de trabalho. O fim de semana é outra coisa.

Agora, convido você a detalhar o seu dia a dia e fazer os ajustes e correções que considera fundamentais e, ao mesmo tempo, realistas, para que possa aumentar seu desempenho.

Lembre-se de que, embora existam diretrizes e estudos que recomendam certas opções ideais, não necessariamente o que é bom para alguns vai ser bom para outros. O importante é que você experimente e descubra o que faz bem a você e que seja percebido positivamente pelo seu entorno.

ESCREVA A CONTINUAÇÃO DA SUA ROTINA IMBATÍVEL:

_____
_____
_____
_____
_____
_____
_____
_____
_____
_____
_____
_____

FRASES DE SABEDORIA DE ALGUNS IMBATÍVEIS: CAMPEÕES, PROFESSORES, LÍDERES E EMPREENDEDORES DE SUCESSO

"Não planejar é planejar falha."
Alden Mills

"Não existe meio-termo. Ou você faz algo bem ou não o faz."
Ayrton Senna

"A forma como nos comunicamos com os outros e, em última instância, com nós mesmos, determina a qualidade de nossa vida."
Anthony Robbins

"Não tenho medo do homem que deu 10.000 chutes diferentes. Tenho medo do homem que chutou 10.000 vezes o mesmo chute."
Bruce Lee

"As pessoas percorrem caminhos em busca de satisfação e felicidade. Só porque elas não seguem seus caminhos não significa que elas se tenham perdido."
Dalai-Lama

"É legal ser importante, mas é mais importante ser legal."
Dwayne Johnson, The Rock

"Os genes não determinam o seu destino, eles determinam as suas áreas de melhora."
James Clear

"Se você não vence, você aprende."
John Maxwell

"É o que você aprende depois do que você sabe tudo que conta."
John Wooden

"São os detalhes que são vitais. Pequenas coisas fazem acontecer coisas importantes."
John Wooden

"Não deixe o que você não pode fazer interferir no que você sim pode fazer."
John Wooden

"Eu não quero ser o próximo Michael Jordan, eu só quero ser Kobe Bryant."
Kobe Bryant

"Se tudo parece sob controle, você não está indo rápido o suficiente."
Mario Andretti

"Perdi mais de 9.000 arremessos na minha carreira. Perdi quase 300 jogos, 26 vezes confiaram em mim para fazer o arremesso que ganhava o jogo e falhei. Eu falhei uma e outra vez em minha vida e é por isso que tive sucesso."
Michael Jordan

"Se você quer ser o melhor, você tem que fazer coisas que outras pessoas não estão dispostas a fazer. Isso é ser excepcional."
Michael Phelps

"A vida é crescimento. Se pararmos de crescer, técnica e espiritualmente, estaremos mortos."
Morihei Ueshiba

"Nunca permiti que ninguém me convencesse de não acreditar em mim mesmo."
Muhammad Ali

"A melhor maneira de fazer que seus sonhos se tornem realidade é acordando."
Muhammad Ali

"Odiei cada minuto de treino, mas não parava de me repetir: não desista, sofra agora e viva o resto da vida com um campeão."
Muhammad Ali

"Aprendi que coragem não é ausência de medo, mas o triunfo sobre ele. O corajoso não é aquele que não sente medo, mas aquele que vence esse medo."
Nelson Mandela

"O que conta na vida não é o simples fato de termos vivido. É a diferença que fizemos nas vidas de outras pessoas o que determinará a importância da vida que levamos."
Nelson Mandela

"A essência da vida não é vencer, mas lutar bem."
Pierre de Coubertin

"Quando você quer algo com grande intensidade, nenhum sacrifício é muito grande."
Rafael Nadal

"Se fosse fácil, todos o fariam."
Ronda Rousey

"Você não pode depender de apenas uma coisa para ser feliz."
Ronda Rousey

"O único poder que as pessoas têm sobre você é o poder que você dá a elas."
Ronda Rousey

"Nunca tive medo dos grandes momentos, me dão borboletas no estômago. Eu fico nervoso e ansioso, mas acho que esses são bons sinais que me dizem que estou pronto para o momento."
Stephen Curry

"O tamanho do problema não importa, o que importa é o seu tamanho para enfrentá-lo."
T. Harv Eker

"Gênio é 1% de inspiração... e 99% de transpiração."
Thomas A. Edison

"Como você responde a um erro é mais importante do que o erro em si mesmo."
Tim Walton

"Nas batalhas da vida, nem sempre ganha o homem mais rápido ou mais forte. Mais cedo ou mais tarde, o homem que vence é aquele que acha que pode."
Vince Lombardi

"Todo mundo quer ir ao céu, mas ninguém está disposto a morrer."
Ditado dos Fuzileiros Navais, divulgado por Will Smith

BIBLIOGRAFIA

ACHOR, Shawn. *Big potential.* New York: Penguin Random House, 2018.

ALMONACID, Humberto. *Optimezation.* Santiago de Chile: RIL Editores, 2017.

ALRED, Dave. *El principio de la presión.* Buenos Aires. Ediciones Deldragón, 2016.

BRAMANTE, Antonio; FONSECA, Carlos; NAHAS, Markus; OGATA, Alberto; PEREIRA, Lamartine. *Profissionais saudáveis, empresas produtivas.* Rio de Janeiro: Elsevier Editora Ltda, 2012.

BROUSSE, Michel; MATSUMOTO, David. *Judo a sport and a way of life.* California: The International Judo Federation, 1999.

BURCHARD, Brendon. *High performance habits.* United States of America: Hay House Publishers, 2017.

CLEAR, James. *Hábitos atómicos.* Ciudad de México: Editorial Paidós, 2018.

COVEY, Stephen. *Los 7 hábitos de la gente altamente efectiva.* Barcelona: Ediciones Paidós Ibérica, 1997.

CSIKSZENTMIHALYI, Mihaly. *Aprender a fluir.* Barcelona: Editorial Kairós, 1998.

CUDDY, Amy. *El poder de la presencia.* Barcelona: Ediciones Urano, 2015.

DUCKWORTH, Angela. GRIT. *El poder de la pasión y la perseverancia.* Barcelona: Ediciones Urano, 2019.

DUHIGG, Charles. *The power of habit.* New York: Random House Trade Paperback Edition, 2014.

DWECK, Carol. *Mindset. La actitud del éxito*. Málaga: Editorial Sirio, 2006.

FELDENKRAIS, Moshe. *El poder del yo*. Barcelona: Editorial Planeta, 1995.

FISCHMAN, David. *El éxito es una decisión*. Santiago de Chile: Aguilar Chilena de Ediciones, 2012.

FISCHMAN, David. *Motivación 360°*. Santiago de Chile: Aguilar Chilena de Ediciones, 2014.

GALLWEY, Timothy. *The inner game. A essência do jogo interior*. São Paulo: NewBook Publicações, 2013.

GLADWEL, Malcolm. *Fora de série: outliers*. Rio de Janeiro: GMT Editores LTDA, 2008.

GOLEMAN, Daniel. *La inteligencia emocional*. Buenos Aires: Ediciones B Argentina, 1995.

GOLEMAN, Daniel. *Liderazgo*. Barcelona: Editorial Kairós, 2011.

GOLEMAN, Daniel. *Focus*. Barcelona: Editorial Kairós, 2013.

GROPPEL, Jack. *The corporate athlete*. United States of America: John Wiley & Sons, 2000.

KERR, James. *Legado*. Buenos Aires: Ediciones Deldragón, 2014.

MAGNESS, Steve; STULBERG, Brad. *Máximo rendimiento*. Málaga: Editorial Sirio, 2017.

LAMA, Gabriel. *Del Bienestar al Alto Rendimiento*. Santiago de Chile: RIL Editores, 2018.

MATSUMOTO, David. *An introduction to kodokan judo, history and philosophy*. Tokyo: Hon-No-Tomosha, 1996.

MILLMAN, Dan. *O atleta interior*. São Paulo: Editora Pensamento, 1994.

MILLS, Alden. *Sé imparable*. Barcelona: Editorial Diéresis, 2013.

PINK, Daniel. *Cuándo*. Buenos Aires: Editorial Paidós, 2018.

RATEY, John; HAGERMAN, Eric. *Corpo ativo, mente desperta: a nova ciência do exercício físico e do cérebro*. Rio de Janeiro: Editora Objetiva, 2007.

RIBEIRO, Nuno Cobra. *A semente da vitória*. São Paulo: Editora SENAC, 2001.

ROBBINS, Anthony. *Controle su destino*. Barcelona: Penguin Random House Grupo Editorial, 1992.

ROTELLA, Robert. *Cómo piensan los campeones*. Madrid: Ediciones Tutor, 2015.

SHARMA, Robin. *The 5 AM Club*. London: Harper Collins Publishers, 2018.

SHARMA, Robin. *Triunfo*. Buenos Aires: Random House Mondadori, 2011.

SHAW, Robert Bruce. *Equipos extremos*. Buenos Aires: Paidós, 2017.

SOBEL, David; ORNSTEIN, Robert. *Manual de la salud, del cuerpo y la mente*. Barcelona: Editorial Kairós, 1999.

VIEIRA, Paulo. *O poder da ação*. São Paulo: Editora Gente, 2015.

VIRGILIO, Stanley. *A arte do judô*. São Paulo: Papirus, 1986.

WEISINGER, Hendrie; PAWLIW-FRY, J. P. *Performing under pressure*. New York: Penguin Random House, 2015.

RECAPITULANDO AS IDEIAS FUNDAMENTAIS:

- O aprimoramento pessoal é uma constante;

- Autoconhecimento: todos nós temos um *"sensei"* (professor) interno;

- Como trilhar o caminho do guerreiro imbatível: atento, forte, enérgico, resiliente e benevolente;

- Princípios ancestrais atemporais para ter sucesso num mundo em mudança constante;

- O poder de estar atento;

- O autocuidado aumenta a autoeficácia e a autoconfiança, ambos essenciais para o sucesso;

- O verdadeiro valor de um desafio, partida ou luta de judô;

- O uso mais eficiente da força física, mental, emocional e espiritual;

- A disciplina e o rigor do treinamento para ter sucesso;

- A riqueza de uma derrota como espaço de aprendizagem;

- Como ver o que você não vê;

- O código de honra de um guerreiro, que o distingue de todos os outros.